BEI GRIN MACHT SICH IHR WISSEN BEZAHLT

- Wir veröffentlichen Ihre Hausarbeit, Bachelor- und Masterarbeit

- Ihr eigenes eBook und Buch - weltweit in allen wichtigen Shops

- Verdienen Sie an jedem Verkauf

Jetzt bei www.GRIN.com hochladen und kostenlos publizieren

Strategisches Management. Strategiewandel und Change Management

Elias Bavuso

Bibliografische Information der Deutschen Nationalbibliothek:

Die Deutsche Nationalbibliothek verzeichnet diese Publikation in der Deutschen Nationalbibliografie; detaillierte bibliografische Daten sind im Internet über http://dnb.d-nb.de abrufbar.

ISBN: 9783389084595
Dieses Buch ist auch als E-Book erhältlich.

© GRIN Publishing GmbH
Trappentreustraße 1
80339 München

Druck und Bindung: Books on Demand GmbH, Norderstedt Germany
Gedruckt auf säurefreiem Papier aus verantwortungsvollen Quellen

Das vorliegende Werk wurde sorgfältig erarbeitet. Dennoch übernehmen Autoren und Verlag für die Richtigkeit von Angaben, Hinweisen, Links und Ratschlägen sowie eventuelle Druckfehler keine Haftung.

Das Buch bei GRIN: https://www.grin.com/document/1514097

Hausarbeit

Name, Vorname	Bavuso, Elias
Studiengang	MBA Sport- und Gesundheitsmanagement
Studienmodul	Strategisches Management II
Termin Lehrveranstaltung (siehe Ergebnisdokumentation)	17.06.-19.06.2024
Aufgabe	Bearbeitung einzelner Fragestellungen bezogen auf den Fall „Strategischer Wandel bei der Gesundheits- und Medizintechnik AG"

Inhaltsverzeichnis

1 Bodo Müllers Plan

1.1 Gründe für Wandel

Der erste Grund, der für den Wandel steht, den Bodo Müller initiieren will, ist die Veränderung im Kaufverhalten. Müller hat beobachtet, dass sich das Kaufverhalten der Kunden im deutschen Markt verändert hat. Bisher waren die Marketingstrategien auf die Bedürfnisse der Krankenhausärzte ausgerichtet, die die Kaufentscheidungen für neue Geräte trafen. Mittlerweile treffen jedoch vermehrt Entscheidungsträger auf C-Level (CEO, CFO, CIO) diese Entscheidungen. Diese Veränderung im Entscheidungsprozess erfordert eine Anpassung der Marketingstrategie, um die neuen Entscheidungsträger gezielt anzusprechen und deren Bedürfnisse und Herausforderungen zu adressieren.

Der zweite Grund sind ganzheitliche Lösungen und Effizienzsteigerung. Die Gesundheits- und Medizintechnik AG wird im Markt als technologie- und ingenieurorientiert wahrgenommen. Dies war solange vorteilhaft, wie die Krankenhausärzte die Hauptentscheider waren. Jetzt muss das Unternehmen zeigen, dass es auch in der Lage ist, ganzheitliche Lösungen zu liefern, die die allgemeine Effizienz im Krankenhaus verbessern. Dies erfordert eine Veränderung in der Kommunikations- und Marketingstrategie, um die Vorteile und den Mehrwert der ganzheitlichen Lösungen hervorzuheben.

Der dritte Grund ist die interne Sensibilisierung und strategische Anpassung. Müller hat erkannt, dass das C-Level Marketing nicht einzeln für die sieben Unternehmenseinheiten möglich ist, sondern alle Produktlinien gemeinsam umfassen muss. Dies erfordert eine interne Sensibilisierung und Überzeugungsarbeit bei den Marketing Vizepräsidenten (VPs) der einzelnen Produktlinien. Die Notwendigkeit einer gemeinsamen Strategie und einer koordinierten Umsetzung über alle Unternehmenseinheiten hinweg stellt einen weiteren Grund für den Wandel dar. Müller präsentierte beim vierteljährlichen Treffen des Marketing-Boards klare und überzeugende Fakten, um die VPs zu sensibilisieren und zur Anpassung ihrer Marketing-Strategien zu bewegen.

1.2 Aspekte des Strategiewandels

Bodo Müllers Plan zum Strategiewandel beinhaltet Aspekte des Change Managements. Ein wesentlicher Aspekt und zentraler Ansatz ist der Umgang mit Widerständen (Müller-Stewens & Lechner, 2016).

Müllers Plan beinhaltet die Sensibilisierung der Marketing Vizepräsidenten (VPs) der sieben Produktlinien, indem er ihnen klare und überzeugende Fakten präsentiert, die die Notwendigkeit einer neuen Marketingstrategie verdeutlichen. Obwohl die VPs das Thema als wichtig anerkennen, zögern sie dennoch, ein Budget dafür einzuräumen. Dies zeigt, dass Müller auf Widerstände stößt und dass es wichtig ist, diese Widerstände durch kontinuierliche Überzeugungsarbeit und klare Kommunikation zu überwinden. Der Umgang mit Widerständen ist entscheidend, um die Akzeptanz und Unterstützung für den Wandel zu gewinnen.

Ein weiterer Aspekt ist die Ausrichtung auf die Implementierung von Veränderungen. Das Change Management legt mehr Wert auf die Implementierung als auf die Konzipierung von Veränderungen (Bamberger & Wrona, 2012). Müllers Plan geht über die bloße Konzeptentwicklung hinaus, indem er konkrete Schritte zur Umsetzung des Wandels vorschlägt. Er initiiert ein geschäftsbereichsübergreifendes Projekt zur Entwicklung von Ideen für das C-Level Marketing und organisiert ein Kick-off-Meeting für eine Arbeitsgruppe, die Vertreter aller Unternehmenseinheiten umfasst. Dies zeigt, dass Müller nicht nur eine Strategie entwickelt, sondern auch aktiv an deren Umsetzung arbeitet. Die Realisierung eines tiefgreifenden Wandels erfordert konkrete Maßnahmen und die Einbindung aller relevanten Stakeholder.

Ein weiterer Aspekt des Change Managements in Müllers Plan ist die Ergänzung der Organisationsentwicklung um strategische und strukturelle Aspekte (Picot et al., 2012). Müllers Plan beinhaltet eine strategische Neuausrichtung des Marketings von einer fokussierten Ansprache der Krankenhausärzte hin zur Ansprache von C-Level Entscheidern. Diese strategische Änderung erfordert auch strukturelle Anpassungen, wie die Einführung eines einheitlichen Marketingansatzes über alle Produktlinien hinweg. Dies zeigt, dass Müller nicht nur eine Veränderung in der Marketingstrategie anstrebt, sondern auch die Notwendigkeit sieht, die Organisationsstruktur und -prozesse entsprechend anzupassen.

1.3 Barrieren und Widerstände

Der von Bodo Müller initiierte Wandel bei der Gesundheits- und Medizintechnik AG steht vor mehreren potenziellen Barrieren und Widerständen.

Ein wesentlicher Widerstand besteht darin, dass die Marketing Vizepräsidenten (VPs) zögern, ein Extra-Budget für das C-Level Marketing bereitzustellen. Trotz der allgemeinen Unterstützung für die Idee sehen die VPs andere Projekte als vorrangig an, insbesondere im Kontext einer umfassenden Kostensenkungsinitiative und einer empfindlichen Kürzung des Marketingbudgets. Diese finanzielle Zurückhaltung stellt eine erhebliche Barriere für die Umsetzung der neuen Strategie dar.

Die nächste Barriere könnte der geringe Stellenwert des Projekts bei den Marketing VPs sein, welcher sich deutlich in der schlechten Teilnahme am Kick-off-Meeting zeigt. Nur die Hälfte der eingeladenen und bestätigten Teilnehmer erschien, und viele brachten Entschuldigungen vor. Diese mangelnde Priorisierung und das geringe Engagement der Führungskräfte erschweren die Durchführung des Projekts und beeinträchtigen die notwendige Unterstützung und Ressourcenbereitstellung.

Die Veränderungsresistenz auf individueller Ebene ist eine weitere potenzielle Barriere bei organisatorischen Wandelprozessen (Müller-Stewens & Lechner, 2016). Die VPs sind möglicherweise an ihre etablierten Marketingstrategien und -prozesse gewöhnt und könnten Veränderungen als Bedrohung für ihre bisherigen Erfolge und Methoden sehen. Diese psychologische Barriere kann zu passivem Widerstand führen, indem die VPs zwar die Notwendigkeit des Wandels anerkennen, aber letztendlich nicht aktiv daran teilnehmen oder ihn unterstützen.

Ein weiterer potenzieller Widerstand ist der Mangel an klarer Verantwortlichkeit. Die Einführung eines geschäftsbereichsübergreifenden Projekts erfordert klare Zuständigkeiten und Verantwortlichkeiten. Wenn nicht eindeutig festgelegt ist, wer für welche Aufgaben und Entscheidungen verantwortlich ist, kann dies zu Unklarheiten und ineffizienter Zusammenarbeit führen. Die VPs könnten sich gegenseitig die Verantwortung zuschieben oder sich darauf verlassen, dass andere den Wandel vorantreiben, was letztendlich den Fortschritt des Projekts behindert.

2 Change Management

2.1 Gründe für Scheitern

Das Scheitern des initiierten Wandels durch Bodo Müller lässt sich anhand Kotters 8-Stufen Modell aus den 90ern erläutern und begründen (Kotter, 1997).

Die erste relevante Stufe als Grund für das Scheitern ist Stufe 1: Wecken Sie ein Gefühl der Dringlichkeit. Die Marketing VPs erkannten zwar grundsätzlich die Bedeutung des C-Level Marketings, jedoch fehlte das Gefühl der Dringlichkeit. Müllers Präsentation konnte die VPs, trotz Fakten, Tabellen und Grafiken, nicht ausreichend davon überzeugen, dass sofortige Maßnahmen notwendig sind. Die Selbstgefälligkeit und die Priorisierung anderer Projekte führten dazu, dass das Thema nicht die erforderliche Dringlichkeit erhielt.

Die nächste relevante Stufe ist Stufe 2: Stellen Sie ein starkes Leistungsteam zusammen. Der Grund war eine fehlende ausreichend starke Erneuerungs-/Führungskoalition. Müller konnte keine starke Führungskoalition bilden, die den Wandel vorantreibt. Die Unterstützung der Marketing VPs war oberflächlich und es gab keine starke und vereinte Führung, die den Wandel entschlossen und gemeinsam verfolgt. Die geringe Teilnahme und das mangelnde Engagement beim Kick-off-Meeting verdeutlichen dies.

Die nächste relevante Stufe ist Stufe 4: Kommunizieren Sie ihre Vision, werben Sie um Verständnis und Akzeptanz. Grund für das Scheitern war hierbei eine mangelnde Kommunikation der Vision. Müller präsentierte zwar die Vision und Strategie des C-Level Marketings, konnte diese jedoch anscheinend nicht ausreichend kommunizieren, um ein tiefes Verständnis und breite Akzeptanz zu erreichen. Die VPs verstanden zwar die Idee, sahen jedoch nicht die Notwendigkeit, ihre Ressourcen und Aufmerksamkeit auf das Projekt zu lenken.

Eine weitere relevante Stufe ist Stufe 5: Sichern Sie Handlungsfreiräume, befähigen Sie Mitarbeiter auf breiter Basis. Grund für das Scheitern war das Zulassen, dass Hindernisse die neue Vision blockieren. Erhebliche Hindernisse, die nicht aus dem Weg geräumt wurden, waren die finanziellen Beschränkungen und mangelnde Bereitstellung eines Extra-Budgets.

Die nächste relevante Stufe ist Stufe 6: Sorgen Sie für kurzfristige Erfolge. Grund für das Scheitern war die Unfähigkeit, schnelle Erfolge zu erzielen. Bodo Müllers Plan beinhaltete keine klaren, kurzfristigen Erfolge, welche frühzeitig hätten gezeigt werden können, um das Projekt zu legitimieren und weitere Unterstützung zu gewinnen. Das Fehlen solcher Erfolge führte zu einem Mangel an sichtbaren Fortschritten und schwächte die Motivation der Beteiligten.

Die letzte relevante Stufe ist Stufe 8: Entwickeln und verändern Sie eine neue Kultur (Verhaltensweisen). Grund für das Scheitern war die Kultur, welche unverändert blieb. Müller gelang es letztlich nicht die neuen Marketingstrategien in der Unternehmenskultur zu verankern. Die fehlende Unterstützung und das geringe Engagement der VPs, sowie der Arbeitsgruppe zeigen, dass die geplanten Veränderungen nicht als integraler Bestandteil der Unternehmenskultur akzeptiert wurden. Ohne diese kulturelle Verankerung bleibt der Wandel oberflächlich und kurzlebig (Kotter, 1997).

2.2 Veränderungen meistern

Bodo Müller hätte Kotters weiterentwickeltes 8-Beschleuniger-Modell verwenden können, um den Wandel bei der Gesundheits- und Medizintechnik AG erfolgreich umzusetzen (Kotter, 2012).

Der erste Beschleuniger ist das Gefühl der Dringlichkeit für eine bedeutende Chance zu wecken. Hierfür hätte Müller kontinuierlich die Dringlichkeit des Wandels betonen müssen. Dies hätte durch regelmäßige Kommunikation und Präsentation der Marktveränderungen und ihrer potenziellen negativen Auswirkungen auf das Unternehmen geschehen sollen. Durch das Schaffen eines Bewusstseins für die unmittelbaren Herausforderungen und Chancen hätte Müller die VPs motivieren können, schneller zu handeln und Prioritäten entsprechend zu setzen.

Der zweite Beschleuniger ist der Aufbau und die Pflege einer lenkenden Koalition. Müller hätte ein starkes, bereichsübergreifendes Team aus engagierten Mitarbeitern bilden sollen, das die Vision des Wandels teilt und aktiv daran arbeitet. Eine starke Koalition hätte dazu beitragen können, die Initiative zu stärken und sicherzustellen, dass der Wandel auf allen Unternehmensebenen unterstützt wird. Dies hätte auch dazu beigetragen, interne Hürden zu überwinden und eine breitere Akzeptanz zu erreichen.

Der dritte Beschleuniger ist die Formulierung einer strategischen Vision und Entwicklung von Change-Initiativen. Eine klare, inspirierende Vision hätte entwickelt werden müssen, die die Vorteile des C-Level Marketings und die langfristigen Ziele klar darstellt. Eine starke Vision hätte den Mitarbeitern Orientierung und Motivation gegeben. Sie hätte auch dazu beigetragen, dass alle Beteiligten eine gemeinsame Richtung verfolgen.

Der vierte Beschleuniger ist die Kommunikation der Vision und der Strategie, um Unterstützung und Freiwillige zu gewinnen. Müller hätte die Vision regelmäßig und überzeugend kommunizieren sollen, um Unterstützung auf allen Ebenen zu gewinnen. Dies hätte durch Meetings, Workshops und interne Kommunikationskanäle geschehen können. Eine effektive Kommunikation hätte sicherstellen können, dass alle Mitarbeiter die Vision verstehen und sich damit identifizieren. Dies hätte auch dazu beigetragen, die notwendige Unterstützung und Freiwillige für die Umsetzung zu mobilisieren.

Der fünfte Beschleuniger ist die Beseitigung von Hindernissen, um ein rasches Vorankommen zu ermöglichen. Müller hätte aktiv daran arbeiten müssen, finanzielle und organisatorische Hindernisse aus dem Weg zu räumen. Dies hätte auch die Sicherstellung eines ausreichenden Budgets umfasst. Durch das Beseitigen von Hindernissen hätte Müller sicherstellen können, dass die Initiative nicht durch interne Blockaden gestoppt wird und schneller Fortschritte erzielt werden.

Der sechste Beschleuniger ist das Zelebrieren von schnellen, bedeutenden Erfolgen. Identifikation und Feier von frühen Erfolgen, um die Motivation hoch zu halten und den Glauben an den Wandel zu stärken. Schnelle Erfolge hätten die Glaubwürdigkeit des Projekts erhöht und die Motivation der Beteiligten gestärkt. Dies hätte auch skeptische Mitarbeiter überzeugen können, sich der Initiative anzuschließen.

Der siebte Beschleuniger ist nicht nachzulassen, stets weiter zu lernen und nicht zu früh den Sieg ausrufen. Müller hätte kontinuierlich daran arbeiten müssen, neue Initiativen zu starten und die bisherigen Erfolge zu festigen, ohne zu früh nachzulassen. Ein kontinuierlicher Fokus auf Verbesserung und Anpassung hätte geholfen, die Initiative langfristig zu verankern und Widerstände zu überwinden.

Der achte Beschleuniger ist die Institutionalisierung des strategischen Wandels in der Unternehmenskultur. Müller hätte daran arbeiten müssen, die neuen Marketingstrategien und Verhaltensweisen fest in der Unternehmenskultur zu verankern. Eine tiefgreifende Veränderung der Unternehmenskultur hätte dazu geführt, dass die neuen Strategien und Prozesse nachhaltig übernommen werden und nicht nur als kurzfristige Projekte betrachtet werden (Kotter, 2012).

3 Strategieimplementierung

3.1 Durchsetzung

Angenommen, Bodo Müller hat den CEO der Gesundheits- und Medizintechnik AG neben den Marketing VPs von seinem Plan überzeugt und die Strategie soll nun implementiert werden. In der Durchsetzungsphase stehen verhaltensbezogene Aufgaben im Vordergrund, um die Akzeptanz der Mitarbeiter zu gewinnen und die Strategie erfolgreich umzusetzen (Raps, 2017).

Die erste Maßnahme ist die Vermittlung der Strategie durch eine transparente Kommunikation und regelmäßige Informationsveranstaltungen, damit alle Mitarbeiter die neue Strategie verstehen und verinnerlichen (Kaplan & Norton, 2001; Welge et al., 2017). Die Mitarbeiter sollen alle auf dem gleichen Stand sein und die Strategie als ihre eigene Aufgabe ansehen. Um dies zu gewährleisten könnte Bodo Müller regelmäßige Informationsveranstaltungen, Meetings und Workshops organisieren und über einen Mitarbeiter Newsletter Fortschritte und Erfolge mitteilen. Somit sollen die Ziele und die Notwendigkeit der neuen Strategie verständlich vermittelt werden.

Die zweite Maßnahme ist eine Einweisung und Schulung durch umfangreiche Schulungsprogramme, damit die Mitarbeiter auch die notwendigen Fähigkeiten und Kenntnisse erlangen, um die neue Strategie umzusetzen (Welge et al., 2017). Dadurch sollen bei den Mitarbeitern die Kompetenzen und Bereitschaft geschaffen und Unsicherheiten abgebaut werden. Hierfür könnte Müller gezielte Schulungsprogramme einführen, welche auf die neuen Anforderungen abgestimmt sind. Dazu gehören beispielsweise Schulungen zur Verkaufsorientierung, Verfahrenstechnik, Standardisierung und Rationalisierung für eine Kostenführerschaftsstrategie oder zu Produktinnovation und Kreativitätstechniken für eine Differenzierungsstrategie (Welge et al., 2017).

Die dritte Maßnahme ist die Schaffung eines strategiebezogenen Konsenses durch den Aufbau eines Konfliktmanagementsystems, um Konflikte und Widerstände, welche durch die Implementierung der neuen Strategie entstehen könnten, proaktiv adressiert und gelöst werden können (Welge et al., 2017). Dadurch sollen Barrieren behoben werden und die Akzeptanz und den Erfolg der Strategie erhöhen. Müller könnte hierfür ein formelles Konfliktmanagementsystem etablieren, das regelmäßig Feedback-Sitzungen und offene Diskussionsrunden umfasst. Es sollten klare Kanäle und Verfahren zur Identifizierung und Lösung von Konflikten eingerichtet werden.

3.2 Umsetzung

Angenommen, Bodo Müller hat den CEO der Gesundheits- und Medizintechnik AG neben den Marketing VPs von seinem Plan überzeugt und die Strategie soll nun implementiert werden. In der Umsetzungsphase stehen sachbezogene Aufgaben im Vordergrund, wobei die Strategie effektiv implementiert wird, indem sowohl die sachlichen als auch die menschlichen Aspekte der Veränderung berücksichtigt werden (Corsten & Corsten, 2012).

Die erste Maßnahme ist die Transformation strategischer Entscheidungen bzw. Pläne in konkrete Aktionen, durch eine Entwicklung eines detaillierten Aktionsplans (Bamberger & Wrona, 2012). Müller und sein Team entwickeln einen umfassenden Aktionsplan, der die strategischen Ziele in spezifische, messbare und zeitlich definierte Maßnahmen übersetzt. Dieser Plan enthält klare Ziele, Verantwortlichkeiten und Zeitpläne. Er beinhaltet eine Einschätzung der benötigten Mittel und Ressourcen für jede Maßnahme, eine Zuweisung von Verantwortlichkeiten an spezifische Personen oder Teams und eine Festlegung von Anfangs- und Endzeitpunkten für jede Maßnahme (Haake, 2017).

Die zweite Maßnahme ist die Anpassung von Managementsystemen, Organisationsstrukturen und -prozessen, der Unternehmenskultur sowie des Personals und des Führungskräftepotentials an die formulierten Strategien (Bamberger & Wrona, 2012). Müller implementiert eine neue Organisationsstruktur, die den strategischen Zielen entspricht, indem er die Marketingabteilung in funktionale Teams umorganisiert, die sich auf verschiedene Marktsegmente und Produkte konzentrieren. Dies beinhaltet eine Neugestaltung der Geschäftsprozesse, um Effizienz und Kommunikation zwischen den Abteilungen zu verbessern, die Einführung einer neuen Organisationsstruktur, um gemeinsame Projekte zu fördern und die Einführung neuer IT-Systeme und Kommunikationsplattformen zur besseren Koordination und Überwachung des Fortschritts.

Die dritte Maßnahme ist die Motivierung und Mobilisierung der Mitarbeiter, durch eine Einführung eines Anreiz- und Belohnungssystems (Bamberger & Wrona, 2012). Müller entwickelt ein umfassendes Anreiz- und Belohnungssystem, um die Mitarbeiter für ihre Beiträge zur Umsetzung der Strategie zu motivieren und zu mobilisieren. Dieses beinhaltet materielle Anreize (Boni, Gehaltserhöhungen), immaterielle Anreize (Anerkennung, Beförderungen) und eine transparente Kommunikation (regelmäßige Meetings/Updates), um die Mitarbeiter über den Fortschritt zu informieren und ihre Beteiligung zu fördern.

4 Balanced Scorecard

4.1 Ursache-Wirkungskette

Die Implementierung von Bodo Müllers Strategie zur Neuausrichtung der Marketingaktivitäten der Gesundheits- und Medizintechnik AG kann mithilfe einer Balanced Scorecard in das Tagesgeschäft umgesetzt werden und die Performance messen (Bea & Haas, 2013; Kaplan & Norton, 2001). Durch die folgende dargestellte Ursache-Wirkungs-Kette der Balanced Scorecard, soll gezeigt werden, welche weiteren Zwischenziele die Zielerreichung eines einzigen Zieles fördern (Welge et al., 2017). Die klassische Balanced Scorecard umfasst die Finanzielle Perspektive, die Kundenperspektive, Interne Geschäftsprozesse, sowie Lernen und Entwicklung (Kaplan & Norton, 2001). In diesem Fall wird eine zusätzliche Perspektive hinzugefügt: die Innovationsperspektive.

Auf der Stufe der Lern- und Entwicklungsperspektive soll durch Personalschulungen eine verbesserte Mitarbeiterkompetenz und Motivation erzielt werden. Auch geschaffene Anreize, eine Kulturförderung und Innovationsschulungen, sollen die Innovationsbereitschaft und Zufriedenheit stärken. Auf der Stufe der Internen Prozessperspektive soll nun die verbesserte Mitarbeiterkompetenz und Motivation in optimierten Marketingprozessen und effizienter Produktentwicklung resultieren. Außerdem kommt es zu einer Stärkung der internen Zusammenarbeit durch interdisziplinäre Projekte. Auf der Stufe der Kundenperspektive führen nun die effizienten Marketingprozesse und die zielgerichtete Produkt entwicklung zu einem besseren Preis-Leistungs-Verhältnis und einer höheren Kundenzufriedenheit. Auf der Stufe der Finanzperspektive soll jetzt die erhöhte Kundenzufriedenheit und -bindung sowie die Effizienzgewinne dazu führen, dass Umsatzsteigerungen und Kostenersparnisse erzielt werden (Kerth et al., 2011). Auf der ergänzten fünften Stufe, der Innovationsperspektive, soll durch neue Lösungen und Technologien sowie eine starke Innovationskultur die Effizienzsteigerung und Kundenzufriedenheit unterstützt werden.

4.2 Festlegung Ziele, Kennzahlen, Vorgaben und Maßnahmen

Basierend auf der dargestellten Ursache-Wirkungskette wird nun für jede der fünf Perspektiven ein Ziel, eine passende Kennzahl, eine Vorgabe und eine konkrete Maßnahme entwickelt. Diese genaue Festlegung der Ziele (definiert durch Inhalt, Ausmaß und Zeit) wird als ein wesentlicher Prozess bei der Erstellung der Balanced Scorecard angesehen (Welge et al., 2017).

Auf der Stufe der Lern- und Entwicklungsperspektive lautet das Ziel eine Steigerung der Mitarbeiterkompetenzen und Motivation im Bereich des C-Level Marketings. Die hierfür verwendete Kennzahl ist die Anzahl der durchgeführten Schulungen und Weiterbildungen. Die Vorgabe ist, dass innerhalb eines Jahres 100% der relevanten Marketingmitarbeiter an mindestens zwei Schulungen oder Weiterbildungen teilgenommen haben sollen. Die Maßnahme hierfür, ist die Entwicklung und Durchführung eines umfassenden Schulungsprogramms, welches speziell auf die Anforderungen und Herausforderungen des C-Level Marketings zugeschnitten ist. Dies umfasst sowohl interne als auch externe Trainings und Workshops.

Auf der Stufe der internen Prozessperspektive lautet das Ziel die Optimierung der Marketingprozesse zur Ansprache von C-Level Kunden. Die hierfür verwendete Kennzahl ist die Dauer der Marketingkampagnenentwicklung. Die Vorgabe ist, dass die Kampagnenentwicklungszeit innerhalb von sechs Monaten um 30% reduziert wird. Die Maßnahme hierfür, ist die Einführung eines standardisierten Prozesses für die Entwicklung und Durchführung von Marketingkampagnen. Dieser Prozess soll klare Schritte und Verantwortlichkeiten definieren und regelmäßig überprüft und angepasst werden. Dadurch sollen Effizienz und Effektivität gewährleistet werden.

Auf der Stufe der Kundenperspektive lautet das Ziel die Erhöhung der Kundenzufriedenheit bei C-Level Kunden. Die hierfür verwendete Kennzahl ist der Net Promoter Score, welcher den Kundenzufriedenheitsindex darstellt (Benning-Rohnke & Martin, 2023). Die Vorgabe ist, dass innerhalb eines Jahres eine Steigerung des Net Promoter Scores um 20 Punkte erzielt wird.

Die Maßnahme hierfür, ist die Durchführung von regelmäßigen Workshops und Informationsveranstaltungen für C-Level Kunden. Dies soll dabei helfen ihre spezifischen Herausforderungen und Bedürfnisse zu verstehen, um dementsprechend maßgeschneiderte Lösungen zu präsentieren. Zusätzlich sollen Feedback-Mechanismen implementiert werden, um kontinuierliche Verbesserungen sicherzustellen.

Auf der Stufe der Finanzperspektive lautet das Ziel die Umsatzsteigerung. Die hierfür verwendete Kennzahl ist das Umsatzwachstum in Prozent. Die Vorgabe ist, dass innerhalb eines Jahres ein Umsatzwachstum von 10% erzielt wird. Die Maßnahme hierfür, ist die Einführung einer umfassenden Marketingkampagne, die auf die Bedürfnisse der C-Level Entscheider in Krankenhäusern abzielt. Diese Kampagne soll speziell auf die Vorteile und Effizienzgewinne der ganzheitlichen Lösungen der Gesundheits- und Medizintechnik AG hinweisen. Auf der ergänzten fünften Stufe der Innovationsperspektive ist das Ziel die Entwicklung neuer, ganzheitlicher Lösungen zur Effizienzsteigerung in Krankenhäusern. Die hierfür verwendete Kennzahl ist die Anzahl der entwickelten und vermarkteten Innovationsprojekte. Die Vorgabe ist, dass innerhalb von einem Jahr mindestens zwei neue Lösungen entwickelt und in den Markt eingeführt werden. Die Maßnahme hierfür, ist die Einrichtung eines Innovationslabors. Dieses soll interdisziplinäre Teams und Ressourcen bereitstellen, um somit neue Lösungen zu entwickeln. In diesem Rahmen sollen regelmäßig Ideenwettbewerbe und Innovationsworkshops veranstaltet werden, um kreative Ansätze zu fördern und schnell in die Praxis umzusetzen.

5 Unternehmensethik

5.1 Praxisbeispiel

Im Jahr 2015 wurde bekannt, dass die Volkswagen AG (VW) bei ihren Dieselautos eine spezielle Software installiert hatte, um Emissionstests zu manipulieren. Diese "Defeat Device" erkannte, wenn ein Fahrzeug einem Test unterzogen wurde, und reduzierte vorübergehend die Emissionen von Stickoxiden (NOx), um die gesetzlichen Grenzwerte einzuhalten. Unter normalen Fahrbedingungen überschritten die Fahrzeuge diese Grenzwerte jedoch erheblich. Dieser Skandal, auch als "Dieselgate" bekannt, führte zu einem massiven Vertrauensverlust in das Unternehmen und hatte weitreichende rechtliche, finanzielle und ökologische Konsequenzen (US EPA, 2015; BBC News, 2015).

5.2 Unternehmenswerte

Das Wertefundament der Volkswagen Group beinhaltet sieben Konzerngrundsätze. Der erste Grundsatz lautet „Verantwortung" („Wir tragen Verantwortung für Umwelt und Gesellschaft"). Der zweite ist „Aufrichtigkeit" („Wir sind aufrichtig und sprechen an, was nicht in Ordnung ist"). Der dritte ist „Mut" („Wir wagen Neues"). Der vierte ist „Vielfalt" („Wir leben Vielfalt"). Der fünfte ist „Stolz" („Wir sind stolz auf die Ergebnisse unserer Arbeit"). Der sechste ist „Zusammenhalt" („Wir statt ich"). Der siebte lautet „Zuverlässigkeit" („Wir halten Wort") (*Volkswagen Group*, 2023).

5.3 Wertebruch

Durch das Verhalten des Unternehmens wurde gegen drei grundlegende Werte verstoßen, wodurch es zu einem Wertebruch kommt.

Ein wesentlicher Wert hierbei ist „Verantwortung". VW hat seine Verantwortung für Umwelt und Gesellschaft grob verletzt. Die Manipulation der Emissionstests führte dazu, dass die Fahrzeuge mehr Schadstoffe ausstießen als erlaubt, was negative Auswirkungen auf die Umwelt und die Gesundheit der Menschen hatte.

Ein weiterer Wertebruch bezieht sich auf den Wert „Aufrichtigkeit". VW hat nicht aufrichtig gehandelt, indem das Unternehmen die Öffentlichkeit und die Regulierungsbehörden über die tatsächlichen Emissionen der Fahrzeuge getäuscht hat.

Auch der Konzerngrundsatz der „Zuverlässigkeit" wurde verletzt. Das Vertrauen der Kunden in die Zuverlässigkeit von VW wurde stark beschädigt. Die Enthüllung des Skandals zeigte, dass das Unternehmen nicht sein Wort gehalten hat und die versprochenen Umweltstandards nicht eingehalten wurden.

5.4 Konsequenzen

Die Konsequenzen des Abgasskandals betreffen sowohl interne als auch externe Stakeholder des Unternehmens.

Auf Ebene der internen Stakeholder gab es zum einen Konsequenzen für die Mitarbeiter. Hierbei wurde nach dem Skandal ein Zukunftspakt für Einsparungen erstellt, welcher die Streichung von 30.000 Stellen bis 2025 vorsieht, wovon insbesondere die deutschen Standorte betroffen sind (ZEIT ONLINE, 2016). Einige Mitarbeiter wurden direkt für die

Manipulation verantwortlich gemacht und entlassen. Beispielsweise wurde ein Ingenieur, der an der Entwicklung der betrügerischen Software beteiligt war, in den USA zu einer Haftstrafe verurteilt (ZEIT ONLINE, 2019).

Auch für das Management hatte der Skandal auf Ebene der internen Stakeholder Konsequenzen. Mitglieder des Managements, einschließlich des damaligen CEO Martin Winterkorn, traten zurück oder wurden entlassen. Der Skandal führte zu einem umfassenden Wechsel in der Führungsebene und einer Umstrukturierung des Unternehmens (BBC News, 2015).

Auf Ebene der externen Stakeholder gab es schwerwiegende Konsequenzen, welche die Kunden betreffen. Millionen von VW-Fahrzeugen wurden weltweit zurückgerufen, um die manipulative Software zu entfernen und die Emissionsstandards zu erfüllen. Dies führte zu einem massiven Vertrauensverlust bei den Kunden. Viele Kunden fühlten sich betrogen und reichten Klagen gegen das Unternehmen ein. In den USA stimmte VW einem Vergleich in Höhe von bis zu 14,7 Milliarden Dollar zu, um Schadensersatzansprüche der Kunden und Strafen der Behörden zu begleichen (The New York Times, 2016; BBC News, 2016).

Auch auf die Investoren hatte der Skandal auf Ebene der externen Stakeholder Auswirkungen. Nach Bekanntwerden des Skandals brach der Aktienkurs von Volkswagen in den USA um zeitweise mehr als 20% ein. Dies führte zu erheblichen finanziellen Verlusten für die Aktionäre (Wirtschaftswoche, 2015). Der Skandal erschütterte das Vertrauen der Aktionäre in die Unternehmensführung. Volkswagen musste umfangreiche Maßnahmen ergreifen, um das Vertrauen wiederherzustellen und die langfristigen finanziellen Auswirkungen zu bewältigen (BBC News, 2015).

6 Literaturverzeichnis

Bamberger, I., & Wrona, T. (2012). Strategische Unternehmensführung: Strategien, Systeme, Methoden, Prozesse (2., vollständig überarbeitete und erweiterte Auflage). München : Verlag Franz Vahlen.

Bea, F. X., & Haas, J. (2013). Strategisches Management von Franz X Bea | ISBN 978-3-8252-1458-6 | Fachbuch online kaufen—Lehmanns.de. https://www.lehmanns.de/shop/wirtschaft/18221-9783825214586-strategisches-management

Benning-Rohnke, E., & Martin, S. (2023). Die Perspektive des Kunden erfassen. In E. Benning-Rohnke, J. Hasebrook, & M. Pütz (Hrsg.), Kunden begeistern: Konzepte und Praxisberichte aus Finance, Automotive und Gesundheit (S. 19–37). Springer Fachmedien. https://doi.org/10.1007/978-3-658-38264-3_2

Corsten, H., & Corsten, M. (2012). Einführung in das strategische Management. Konstanz : UVK-Verl.-Ges.

Haake, K. (2017). Strategie-Workshop. Schäffer-Poeschel. https://doi.org/10.34156/9783791036304

Jungehülsing, J. & dpa. (2019, Dezember 20). Volkswagen: Ehemaliger VW-Ingenieur aus der Haft entlassen. Die Zeit. https://www.zeit.de/wirtschaft/unternehmen/2019-12/volkswagen-abgasskandal-james-liang-mitarbeiter-haft-entlassung

Kaplan, R. S., & Norton, D. P. (2001). Die strategiefokussierte Organisation: Führen mit der balanced scorecard. Schäffer-Poeschel.

Kerth, K., Stich, V., & Asum, H. (2011). Die besten Strategietools in der Praxis: Welche Werkzeuge brauche ich wann? Wie wende ich sie an? Wo liegen die Grenzen? (5., erw. Aufl.). München : Hanser.

Kotter, J. P. (1997). Chaos, Wandel, Führung—Leading change. Düsseldorf : ECON-Verl.

Kotter, J. P. (2012, November 1). Accelerate! Harvard Business Review. https://hbr.org/2012/11/accelerate

Müller-Stewens, G., & Lechner, C. (2016). Strategisches Management: Wie strategische Initiativen zum Wandel führen. Schäffer-Poeschel.

ONLINE, Z. (2016, November 18). VW: Volkswagen will 30.000 Stellen streichen. Die Zeit. https://www.zeit.de/wirtschaft/unternehmen/2016-11/volkswagen-stellenabbau-deutschland-zukunftspakt

Picot, A., Dietl, H., Franck, E., Fiedler, M., & Royer, S. (2012). Organisation: Theorie

und Praxis aus ökonomischer Sicht (6., völlig überarb. Aufl.). Stuttgart : Schäffer-Poeschel.

Raps, A. (2017). Erfolgsfaktoren der Strategieimplementierung. Springer Fachmedien.
https://doi.org/10.1007/978-3-658-18559-6

Tabuchi, H., & Ewing, J. (2016, Juni 27). Volkswagen to Pay $14.7 Billion to Settle Die-
sel Claims in U.S. The New York Times. https://www.nytimes.com/2016/06/28/busi-
ness/volkswagen-settlement-diesel-scandal.html

US EPA, O. (2015, Oktober 28). Learn About Volkswagen Violations [Other Policies
and Guidance]. https://www.epa.gov/vw/learn-about-volkswagen-violations

Volkswagen chief executive Martin Winterkorn resigns. (2015, September 23). BBC
News. https://www.bbc.com/news/business-34340997

Volkswagen Group. (2023, August 28). Volkswagen Group. https://www.volkswagen-
group.com/de

Volkswagen pushed into loss by emissions scandal. (2015, Oktober 28). BBC News.
https://www.bbc.com/news/business-34650233

Volkswagen: The scandal explained. (2015, September 22). BBC News.
https://www.bbc.com/news/business-34324772

VW owners in US to get up to $10,000 in emissions deal. (2016, Juni 28). BBC News.
https://www.bbc.com/news/business-36651853

Welge, M. K., Al-Laham, A., & Eulerich, M. (2017). Strategisches Management: Grund-
lagen - Prozess - Implementierung (7., überarbeitete und aktualisierte Auflage). Wies-
baden : Springer Gabler.

Wirtschaftswoche. (2015, September 21). VW-Aktie stürzt ab: Volkswagen verliert 15
Milliarden an Börsenwert. https://www.wiwo.de/finanzen/boerse/vw-aktie-stuerzt-ab-
volkswagen-verliert-15-milliarden-an-boersenwert/12347044.html